JN409464

산벚꽃

약력

- 전북 진안 상전 출생(서울문리사범대학 졸업)
- 『월간문학』 신인상 시 당선, 문단 데뷔(교직 38년)
- 전주KBS TV동시감상 1년 출연, 『아동문예』 동시문학서평 3년 집필
- 가곡 「마이산」, 「용담호」 두 노래 제작 보급, 전북아동문학회장 4년 역임
- 진안예총창립(초대회장 5년 역임) 전주소리축제 조직위원 3년 역임
- 진안국악협회, 음악협회 창립, 진안문학상, 진안예술상 제정
- 「아침 아이들」 동시가 100년 후에도 읽고 싶은 한국 명작 동시로 선정됨
- 「단풍잎」, 「아침 아이들」, 「아기」 동시 3편이 초등학교 국어 시낭송 자료로 선정됨
- 「지나가는 사람들도」 동시가 초등학교 4학년 국어 학습지에 수록됨
- 「산벚꽃」 시가 서울 사당역(4호선) 성동역 등 4곳에 게시됨(서울시청에서)
- 동시 80편이 한국 근현대사 100년, 동시 선집으로 선정 출간됨

수상 국민훈장(석류장)수훈, 문교부장관상, 한국동시문학상, 한국아동문학작가상, 전북문화상, 계몽문학상, 전북문학상, 전북예술상, 풍남문학상, 진안예술상

지은 책 동시집 『하얀비』, 『산울림』, 『바람의 발자국』, 『불꽃놀이』, 『풀꽃목걸이』, 시집 『햇살의 첫 동네』, 『청소년 시선집』, 『산벚꽃』, 기타 펴낸 책 『이성계』, 『아인슈타인』, 『퀴리부인』, 『공자』, 『보이지 않은 옷』, 『금도끼와 나무꾼』, 『엄마 찾아 삼만 리』, 『어린왕자』, 『시튼동물기』(모두 17권 출간)

시비 '마이산', '용담호', '진안읍 월랑공원', '서울 은평구공원' 4곳에 건립

현재 국제pen클럽 자문위원, 한국문인협회회원, 진안예총 명예회장, 한국아동문학회 부회장

17번째 내는 저서 제8시집

산벚꽃

허호석 시집

신아출판사

시집을 내며

날까 말까, 울안에 기르던 새들을 풀어
창공에 날려 보냅니다.
새들이 내려앉을 수 있도록
여러분들의 푸른 나뭇가지를 내밀어 주시겠습니까?
날아든 새에게 눈길 한번 주시면 고맙겠습니다.
비록, 깃 고운 새는 보이지 않아도
새소리만은 다시 듣고 싶다는 마음에
밑줄이 그어지면 좋겠습니다.

책을 만들어주신 신아출판사 서정환 사장님과
추천의 말을 써주신 안도현 시인님께
감사 말씀드립니다.

2014 여름 용담호 망향의 동산에서
허 호 석

목차

1. 찔레꽃

2. 아름다운 구속

3. 지금 어디에

4. 봄날은 간다

1. 찔레꽃

찔레꽃

옛 생각 잊을까 봐 꽃 피우고
잊으라 꽃 지우는가

청보리밭 언덕길에
꽃향기로 물들었던 이야기가
연정의 밑그림이 될 줄이야
만남은 헤어짐이 예약되어 있는 것
사랑할 때 떠나라 했다
멀리 보이는 게 아름답다 하지만
피지 못할 연정은 아름다운 상처를 남긴다
여기까지인 것을 알면서도
언제까지 피고 질 이야기를 나눠 가진
우리는 누구였나

꽃은 져도
봄은 지지 않는 것을

빗소리

비가 오는가
어렴풋 꿈결인 양 새벽 빗소리
불빛 새던 창가에
살며시 찾아온 뉘 발소린가
들릴 듯 발소리를 낮추어
내 곁에 나란히 눕는 새벽 빗소리
꿈길로 찾아오는 아련한 사람아

나의 빈 뜨락을 적시는 정겨움이여
돌돌돌 어릿한 물소리
꿈의 이랑을 넘치네
흥건히 그리움의 이랑을 넘치네

南海에 띄운 엽서

못다 함을 참아내는 출렁임인가
유배되어 떠내려간 그리운 섬 하나
어느 해역을 떠도는가
푸른 물결로 내 안에 출렁이다
파도로 부서지는 사람아

수평선 그 허공에 걸린 그리움은
은빛 날개로 너의 해안을 떠돈다

네가 스쳐간 빈자리에
무슨 말 부어놓고
오는 듯 오는 듯 멀어지는 파도야

모래밭에 쓰는 너의 낙서가
내 이름이었으면 좋겠다

가을 나무

가을이 깊어갈수록
나무들은 생각이 깊어진다
생각이 깊어갈수록
나무들은 시를 쓴다

지웠다 하면서 빈 나뭇가지에
어찌 쓸쓸한 하늘을 걸어 놓는가
잊었다 하면서 주소도 없는 허공에
어찌 옛 생각이 물든 시를 띄우는가

모두가 떠나간 빈 뜰에
수북수북 쌓아놓는 쓸쓸한 시
보내고 남은 마음 어쩌라고
억새꽃 산모롱이에 빈 하늘을 걸어 놓는가

눈 오는 날

언뜻 눈이 내린다
하늘의 은혜로운 축복을
산은 어깨로 받고 나무들은 팔로 받는다
몽당비도 헌신짝도
하늘의 따스한 말씀을 받들며
모든 것들이 제자리로 돌아간다
마른 풀잎이나 작은 가지도 그 겨드랑이에
아늑한 생각들을 들여 놓는다

동구 밖 미루나무에 걸어두었던 하늘에
먼 기억의 고향 눈이듯
잊을 뻔했던 옛 생각이 피어 날린다

그리운 사람이 올 듯
눈 오는 동구밖이
자꾸 내다보인다

보름달

둥그런 둥그런 하늘의 얼굴
그 누가 밤하늘에 저리도 환한
하늘의 손거울을 걸어 놓았는가

그대가 창을 열어 하늘을 보았을 때
둥그런 보름달이 떠 있거든
갑순이 갑돌이가 보았던 그런 달을
내 가슴에서 꺼내어
내가 거기 걸어두었음을 알리오

안 그런 척 머뭇거렸던 연민은 먼 곳에
언제까지 허공에 걸어둘 하늘의 손거울
그대의 창가에 걸어두고 싶은 나의 손거울

낙서

나의 글은
마음에 끄적여 두었던
낙서로부터 비롯된다
무심코 끄적인 낙서
마음의 텃밭에 가꾸는 생각들
찬찬히 들여다보면
쓰고 쓰고 덮어 쓴 세 · 글 · 자

무슨 미련 두고두고
아무데나 끄적여지는 낙서
바닷가 은모래밭에 찍힌
새들의 발자국도

바람이 왔다가는 창에
후두둑 부딪는 별빛도
창공을 스치며
새들이 긋는 반짝임도
내 낙서의 텃밭이거늘

바람도 바다도 지우지 못해
내 낙서 근방에 와서 머뭇거린다

너 때문이야

보고 싶은 꽃이 있다는 건
그 꽃이 이미 마음밭에 피어 있기 때문이다
강변 은모래밭에
물새가 종종종 시 한 줄 찍어 놓은
그 곁에 나의 발자국을 나란히 놓은 건
너 때문이야

낯선 들꽃에게 말을 걸고 싶은 것도
신발코 앞에 던져진 잎새 하나에도
발이 채이는 건
너 때문이야

언제까지 처마 끝에 걸어둔 그리움은
나의 시 속에 아프게 묻었다

그래, 다 너 때문이야.

낚시

호수에 잠긴 하늘에
반짝반짝 찌를 드리운다
낭창낭창 채어 올릴 때마다
어깨너머로 활주로를 타는 하늘 조각만
뉘 마음 낚일까 봐
무슨 미련 창공에 날리고 날리는가
무작정 기다리는 세월일레

그대 영역 심연에
고운 심지를 드리운다
휘어지게 채어 올릴 때마다
출렁이며 끌려오는 피둥피둥한 햇덩이만
그대 마음 낚일까 봐
무슨 생각 수면에 드리우는가
언제까지 기다리는 속내일레

여기까지야

세상에 가장 아름다운 끈은
만들 수도 볼 수도 없는 느낌의 끈이다
우린, 말 대신 그 당김으로 만난 짝이었지만
필연이 될 수 없는 우리는 누구였나

감을 수 없어 늘일 수밖에 없는
이 질긴 탄력
어려운 말 대신 생각의 얼레를
풀어보고 되감아보아도
사랑에 연습은 없다는 거

만남이 아픔이라
타다가 남은 이야긴들
여기까지만 선은 보이지 않는 것
별이 허공에 아름다운 획을 긋듯
처음처럼 우리의 공간을
이대로 아껴두자 아껴두자

산벚꽃

참하게 살아온 산들이
어둠을 촛불로 밝히다
피지 못한 채 산화한
4월의 영령들을 불러 모아
이산 저산 꽃으로 부활하는
축제의 봉화가 올랐다
아픔 없이 피고 지는 꽃이 어디 있으랴
세상이 정의로워야 한다며, 불의에 항거했던
그날의 함성이 꽃으로 피어난다

민주의 화신花神은 산바람을 타고
꽃불 꽃불로 번져 산 아래까지 내려와
마을에는 벚꽃보다 더 환한 세상을
내겐 벚꽃보다 더 활짝 피는 해방을

산마다 폭죽으로 피어나는 하늘공원
아! 숨이 차도록 아름다운 꽃세상.

서울 동작구 사당역과
성동역 등 4곳에 게시된 시(서울시청에서)

길에서

허공에 던져 점을 치듯
엎어지고 뒤집어지는 착지
거스를 수 없는 하늘에
양심마저 쓰레기로 분류하는 판속
나는 지금 무엇에 구속되어 있는가

꽃이 꽃을 버리는 건
살아도 어떻게 사느냐를 묻는 것
아, 나는 나를 어디까지 버릴 것인가
높은 곳은 돌아서
낮은 곳은 고요히
비움으로 채워져 잃은 건 없다

이정표 없는 여정, 구불길인들
내가 만든 나의 길을 사랑할 일이다.

들풀

누가 이름 한 번 불러주지 않고
눈길 한 번 주지 않아도
스치는 옷깃에 향기를 남긴다

하늘에 몸과 마음을 씻으며
한 송이 꽃 피워낼 작은 소망 하나
처마끝 하늘에 걸어두고
바짓가랑이 마를 날 없이
척박한 들판에 뿌리 내린 들풀
꺾는 비바람에도
밟는 흙발에도
풋풋한 향기를 남기는 민초民草들
어찌, 어찌 잡초라 이르는가

휩쓰는 바람에 뿌리째 뽑힐라
세상에 말을 걸고자
우우우 일어서는 들풀, 들풀들.

눈보라

무수히 반짝이는 별만큼이나
하늘 가득 피어나는 촛불의 떼
깨끗해야 한다. 정의로워야 한다는
순백의 말, 말, 말을 허공에 던지며
들판을 건너오는 함성
하늘의 경이로움이 군무로 펼쳐진다.

빈 나뭇가지엔 하얀 솜옷을 입혀주고
벗겨진 산의 어깨나, 들판은 덮고 덮어
맨살의 상처를 치유한다

혼탁은 무리한 욕망에서 비롯되는 것
오염된 구석구석, 세상 지저분한 것들은
모두 묻어버려야 한다며
몰려오는 눈보라의 아우성
검게 물든 날을 정화하여 눈부신 새날을
열어가고자 하는 웨침이니라.

장독대

척박한 우리 삶을 주물럭거려
질항아리를 빚어낸 흙손이
우리의 참 손이었다.

그 투박한 흙손으로
민족의 혈맥을 짚어내고
우리 삶의 미열까지도 짚어내었다.

불가마 속에서 영혼의 혼불에
再生의 몸을 사룬 항아리
토담가 조선의 달도
풀벌레 소리도 찰랑찰랑 띄우더라

햇살도 세월도 익어가는 장독대
처마 끝에 걸어놓은 저 하늘도, 소망도
가슴가슴 삭히더라

돌담가 장독대에 내리는
하늘이여, 침묵이여.

가랑잎

스산한 밤 가랑잎들이
저 혼자씩은 너무 외로워
달빛에 몸을 비빈다
이따금 찬바람이 흐트러 놓는
꿈자리가 괴로워 돌아눕는 잠뜻

바람이 스치면 후루룩 날개를 펴보는 새
그리움의 불씨 하나씩 간직하고
먼 하늘 밖 바람의 둘레를 떠돌아
햇살로 내려앉는 철새 철새

어느 기억의 땅
뉘 창가를 별빛으로 스쳐
가슴 가슴에
부활을 기약하는 불씨 불씨로 남으리

창을 열면

하늘을 거느린 먼 산능선도
느슨하게 들어와야 하고
새소리 물소리 깃드는 동구밖엔
보랏빛 소망도 하나 걸려 있어야지
바람에 날린 별과 낙엽이 스치는 창가
풀벌레 소리도 달빛도 담아낼
물항아리 하나쯤 놓여 있어야 한다
뻐꾸기 소리로 번지는 들판의 푸르름도
예약되어야 하고
먼 기억의 옛 생각도
고향의 함박눈처럼 예약되어야 한다.

창을 열면
자꾸만 멀어지던 그날이 다가오듯
앞 산마루에 펼쳐진 구름 한 폭
그리움에 부대끼는 깃발로 내걸린다

백련白蓮

가까이할 수 없는 꽃
소복단장
청산에 한 점 백조처럼
뉘 영혼의 환생으로 피어나
저만치 저만치
세상 밖 닿지 못할
영역을 경계하는가
재생의 꽃으로 피어날
내세를 기약하듯
전생에 무슨 사연 맺힌
고고한 자태

이승 저승을
넘나드는 인연이듯
이루지 못한 사랑은
더욱 아름다운 것.

저녁 눈

저녁 어스름 속에서
함박눈이 안개꽃처럼 무더기로 피어났다
그 눈발에서 보글보글 끓는
된장찌개 내음이 났다
저녁 눈은 그렇게 어둠 속에서 피어나
함박 함박 마을을 덮었다

저녁 연기 속에서
함박눈이 팝콘처럼 튕겨 나왔다
그 눈발에서 고소한 내음
포근한 정이 묻어났다
저녁 눈은 그렇게 굴뚝에서 솟구쳐
듬뿍 듬뿍 행복을 안겨주었다

함박만큼
널찍널찍 살자. 넉넉하게 살자.

느티나무

삶의 굽이굽이 고개마다
수호신으로 마을의 안녕을 지키며
동구밖 오가는 이들의 안부를 묻는다
빈 둥지 집을 보던 낮달을 내려
그늘에 쉬어가는 길손의 팔베개로 괴어준다
성황당에선 하찮은 소원도 받들어주며
보내고 남는 기다림의 고개에선
그리움의 이정표로 서 주었다
이 고비만 넘기자던 우리 삶의 고개마다
장승처럼 자리를 지켰던 산증인이었다.

언젠가는 아무 죄없이 잘릴 것을 알면서도
새소리, 매미소리도 푸르게 열어놓는 사랑
죽어서도 제 몸을 깎아내고 다듬어
뉘 안방의 밥상이 되고, 큰 바다의 목선이 되어
재생의 영혼으로 태어나는 거룩함이여

고려자기

소나무 숲을 치닫는 불꽃
혼불의 춤사위가 너울거리는
불꽃 속에서
하얀 불새 한 마리 깨어나 날아 오른다

잉걸불 속에 재생의 넋으로 구워진
고려의 비췻빛 하늘 한 폭
그날의 솔바람이
슬기의 꽃으로 분신한 학을 거느렸다

곡선을 드리운 단아한 몸매
닿지 못할 영역을 경계하는 고고한 자태
덧없는 세월의 숨소리가
고려의 혈맥으로 은은히 흐르고 있다.

2. 아름다운 구속

멀리 있어도

초가지붕의 박이
갈매기 날으는 해안이
한 폭의 아름다운 그림으로 보이듯
멀리 두고 보이는 게 더욱 아름답다
추억이 그리운 것은
바래지 않은 이야기가
먼 기억의 수채화로 채색되어 있기 때문이다
눈이 멀어진다고 마음까지 멀어질까
마음에 보이지 않는 건
마음 바깥에서도 보이지 않는다
내가 그려낼 수 있는 그림은
멀리 보여야 한다
아직도 다 못 그린 그림
보이지 않아도 볼 수 있는 그리움처럼.

글을 쓰다가

뭔가 꾸물꾸물한 게 드리워지는 날이 있다
좀, 뽀송뽀송한 확 트인 날은 없을까
풀잎들이 이슬 몇 방울로 아침 밥상을 차려 놓고
초대하는 그런 날이면 되지
싹 씻어내리고 속 마음을 갈아 끼웠을 때
날아갈 듯한 파란 하늘이 내걸리면 되지

미루나무야, 떠나 보낸 상처는 지웠다 하면서
어찌 빈 까치둥지는 받들고 있는 거냐
네 속, 내 속 잘 들여다보이는 그런 날
이렇게 내가 글을 다듬고 있을 때
그는 지금 무슨 생각을 다듬고 있을까
폐선 된 간이역 예약도 없는 기다림에 밟혀
허튼소리 중얼거리듯 이 글을 써서 무엇하리.

나 여기 있잖아요

모든 것들이 겉은 보이지만 속은 보이지 않는다
겉은 앞쪽에 있고, 속은 뒤쪽에 있기 때문이다.
속마음은 그 깊이를 알 수 없듯
소중한 것들은 다 뒤에 있어 보이지 않는다

뒤돌아 보아요. 나 여기 있잖아요
내가 거기 있는데 내가 없는 건
그의 마음 밖에 있어
내가 보이지 않기 때문이다.

뒤돌아 보아요. 나 여기 있잖아요
등 보일까 봐 뒷걸음질로 한 발, 한 발
언제까지 더디게 멀어지고 있는 건
가도 아주 가지는 않는다는 그의 속내를 알리라

뒤돌아 보아요 나 여기 있잖아요
강 건너 멀리 걸어두었던 별이던가
오늘 문득 유난히 반짝이는 네 속을
내 다 알지.

꿈엔들

매캐한 저녁 연기 속에서
저녁 별들이 불티처럼 섞여 나온다
모든 것들이 형체를 지우며
제자리로 돌아간다

아늑한 별밤
숲도 마을도 영혼의 이불을 덮고
깊이깊이 꿈나라에 잠긴다
자유로울 수 있는 꿈의 공간에선
보이지 않는 것도 볼 수 있으리라
만남의 허공, 문을 열어보았지만
그의 모습은 보이지 않았다
마음의 길이 어둠에 묻혀서일까?
감긴 눈으론 볼 수 없었던 것일까?

숲이 마을이 뒤척이며 잠뜻 말로
별에게 물어보라 한다.

기다림

누가 오시려나 이 좋은 날
찔레꽃 환한 얼굴 그리운 마음
보리밭 하늘에 하얀 낮달만
진종일 서성이다 산노을 지네
산그늘 지네

누가 오시려나 이 좋은 날
나 여기 왜 서 있나 설레는 마음
산마루 묵밭에 빈 하늘만
라일락 언덕길에 산노을 지네
산그늘 지네

가곡으로 작곡되었음
(한광희 작곡)

그릴 수 없는 그림

옥정호에
파란 하늘이 드리워져 있다
오작교인 듯, 하늘에 놓인 다리 건너
세상 밖 고요한 호반길
누구도 그릴 수 없는 둘만의 그림
강산이 몇 번이나 변한 세월에도
남남인들, 아름다웠던 연정의 밑그림은
퇴색하지 않았더라

아직도 하지 못한 말
가만히 손잡으면 그리운 옛 생각
호수의 가슴에 물결로 일렁인다
하늘만이 그릴 수 있는 그림이거늘
아, 천국이런가! 아름다운 둘만의 그림
오늘 같은 날 꿈은 아니었지
언뜻, 만남의 그림을 지워야 할 아쉬움
숲은 어스름에 묻히고
호수엔 저녁별들이 하나 둘 돋는다.

왜 머뭇거리나

옛 생각의 길섶마다
너의 해안을 떠돌던
빛바랜 세월의 잎새들이 날린다

모든 것들이 떠나간다
억새꽃 산등성이 빈 하늘엔
그리움의 밑그림뿐

사랑할 때 떠나라 했다
내 그림자 하나
강물에 떨어뜨리고
구름이듯
산을 넘으면
그만인걸
아!
나 여기
왜 머뭇거리나.

아름다운 구속

떠가는 섬에
배 한 척 묶여 있다
무인도에 정박한 그 배는
비어 있는 섬을
어찌 떠나지 못하는가
상륙할 수 없는 아름다운 구속
난 뉘 해안에 정박하여
환상의 영역인 듯 무인도의 변방을
헤어나지 못하는가

세월의 바람에 흩뿌린 나의 시들은
들판에 풀꽃으로 피고 지고
하늘에 올라 그리움의 별이 되었다.

흔적

흔들리는 꽃그늘에 발이 채여
잠시 머물렀던 바람의 옷깃엔
향내가 묻어 있듯
한때
겉과 속이 다른 은밀한 생각을
따로 두지나 않았는가

담 넘어를 기웃댄 바람기를
모르게 꽃 피우던
아름다운 죄?
하나씩은 가지고 있다지

지우고 닦아도 흐릿한 얼룩
세월이 스쳐간 허공에
물들었던 자국으로 남아 있는 것.

냇가에서

은비늘 반짝이는
송사리 몇 마리가
구름 속 하늘을 드나들고 있다
이윽고, 하늘에 펼쳐지는 투망그물
가두려는 은밀한 생각은 아니 갇히고
파란 여울소리만 갇혔다

아, 쨍그렁거리는 하늘 조각

다시, 햇무리로 펼쳐지는 투망그물
뉘 마음 가두려는 속셈은 아니 갇히고
빛 부신 햇덩이만 갇혔다

아, 비린내 나는 햇살

행복

산새 둥지처럼
문패도 울타리도 없지만
들어서면 아늑한 보금자리
비좁고 허술해도 몸을 비벼댈 수 있는
우리만의 안식처인걸

언뜻, 접혀진 날들 찬찬히 펼쳐보면
우리 처음 간직했던 이야기
문틈이나 귀퉁이 틈새에
풀잎으로 꼭꼭 접혀 끼워져 있을 거야
자기야, 세월의 바람에 긁힌 자국 많지만
있잖아, 땅바닥에 새겨 묻어둔
두 글자 찾을 수 있을 거야

들꽃처럼 수수한 우리 소망
하늘 한켠 띄워 노았지
물소리와 햇살이 드는 뜰에
심은 상추잎이 푸릇푸릇
이만 하면 부러울 게 없다.

아버지

척박한 삶을 등에 지고
가장의 멍에를 등에 지고
자갈밭에서 새날을 일구시던 아버지
산처럼 늘 그 자리에 계시며
세상만사 헛기침 몇 번으로 날리셨습니다
처마 끝에 새 하늘을 걸어두고
바람 잘 날 없는 세월을 갈아엎던 이랑은
거룩한 주름살로 남았습니다
가난을 지고도 평생을 하루같이
청청한 소나무로 하늘을 받드신 아버지
그런 것들 다 속으로 삭히시며
참 삶의 근본을 묵묵히 행하시던 뜻 받드오나
그에 미치지 못함을 어찌합니까

나를 닮지 말라시던 아버지
투박한 손으로 미열을 짚어내시던
그 흙손을 사랑합니다 사랑합니다

진안 예찬

모래재 구부구부 하늘 아래 마이산골
맑은 물소리의 고향, 햇살의 첫 동네
세계 유일의 부부산으로 神이 창조한 마이산
아! 신비롭다, 영원한 사랑의 化身이여!

마이산이 남해, 서해로 거느린 금강, 섬진강
청정수맥은 만인의 갈한 목축이리니
저 들녘 호남 풍요의 생명수로다

마이산은 우리의 기상, 용담호는 우리의 가슴
은혜는 마이산 하늘에 새기고
맺힘은 용담호 넘치는 물에 띄우리라
마이산과 용담호가 펼치는 하늘
처마 끝에 새날의 깃발로 걸어두자
수수한 우리 소망 천지돌탑을 이루었나니
잘될 거야 될 거야, 우리 진안 잘 살 거야

맑은 공기, 물 한 모금으로도 배가 부른
살맛나는 진안 땅, 참말로 편해서 鎭安 아닌가!
인삼 향기 그윽한 진안, 청산에 살어리랏다
어화 두둥실 세세만년 진안에 살리라.

2007. 진안을 홍보하는 시비(詩碑)로 건립됨.
진안 월랑공원 입구에(진안군에서)

강변

강 언덕 풀잎에 나란히 누우면
살며시 내 곁에 눕는 물소리
꿈결인 양 옛 생각의 이랑을 넘치네

구름아 강물아 무슨 말 못하여 머뭇거리나
꿈결인 양 옛 생각의 이랑을 넘치네

아직도 하지 못한 말 가슴에 있네
오는 듯 가는 뉘 발소리 있어 뒤돌아본 길
메밀밭 빈 하늘만 강물에 뜨누나

그리운 사람이 올 듯 강 건너 산모롱이 피는 꽃구름
강물에 구름에 물으면 그렇게 그렇게 살라하네.

가곡으로 작곡되었음

운일암雲日岩

해는 반나절, 하늘은 반쪽만 있어도 좋은
바위들끼리 모여 사는 운일암 골짝

어지러운 속세를 떠나 새소리 물소리 따라
산중산중으로 피신한 선비들의 영령들인가
뉘 허물 탓하랴 묵상하는 신선의 자태
몸과 마음을 맑은 물소리로 걸러
파란 하늘을 팔베개 삼으니
무릉도원이 바로 여기인 것을

대불大佛바위 족두리바위 마주보며
못다한 사랑 전설로 굳었는가
용소 맑은 산거울엔 옥양목 하얀 구름이
학처럼 나래를 접누나
먼 산자락도 와서 발을 담그고
고운 산빛도 와서 머리를 감는다.

소나무

길도 소나무도 구불구불
휘어진 허리에 구릿빛 주름살은
이러저러한 우리 삶과 같더라
비바람 눈보라에도
하늘이 지붕이라 맨살로 맞서는
굳굳한 거룩함이여
언제나 제자리에서
다 주고도 못다 한 게 있으랴
나누고 나누는 지고한 자태

어느 날 제 몸을 태워 구들장을 데우고
숯이 되고 재가 될 때까지
빨간 잉걸불은 언 손을 녹여주며
고구마로 따끈한 이웃 간의 정을 구워낸다
청국장을 보글보글 끓여
사랑의 동지를 다시 받드는 착한 나무
어려웠던 날 굳은살에 옹이로 박힌
너의 팔엔 민족의 혈맥이 흐르고 있다

귀향歸鄕

고향은 추억이 있어 그립다 했던가
용담호 물속에 묻힌 고향
호변을 나그네처럼 서성이는 이 그 누구인가

모래밭에 물길을 내어 놓고
고무신짝으로 송사리 하늘을 담아내며
여울 물소리에 누워 꿈을 키웠던 냇가가 그렇고
바짓가랑이 마를 날 없이 구름을 몰던
산과 들이 그렇고
이빨 빠진 사발에 호박죽을 넘겨주던 울타리도 정겨웠지
옛 임이 그리운 첫사랑의 바위고개도 그렇고
잘되어 돌아오겠다던 성황당 고개의 손짓도
건강하세요. 건강해라 어머니의 보름달도 그렇다

꿈엔들 실향민이 될 줄이야
빼앗긴 들에도 봄은 온다는데
영원히 돌아갈 수 없는 귀향
이제, 돌아갈 곳은 귀천歸天뿐인가.

물에 묻고 가슴에 묻고

물이 차오른다 처마 끝 하늘까지
아! 모든 것들이 잠겼노라, 모든 것들을 잃었노라

금강 상류 하늘 아래 산동네 인삼 향기 그윽한 고장
죽도천 골골에 물소리 새소리 아름다운 고장, 상전
울타리 사이 얼키설킨 넉넉한 정
어허어허 가난도 좋아라 하늘밭에 사는데
우리들은 수몰민 그 누가 지은 이름인가

우리들의 태를 묻고, 조상의 뼈를 묻은 영혼의 땅
삶의 터전에, 여기 망향의 탑을 세워
고향 상실의 슬픔을 물에 묻고 가슴에 묻고
실향의 아픔을 달래노라

우리 비록 흩어져 옛 생각이 그리운 나그네일지라도
우리들의 고향 하늘만은 영원하니라

고향이 그리울 땐 망향의 동산에 올라
용담호 저 파란 물에 옛 추억의 구름을 띄우리라.

2000. 용담호 상전 망향탑에 새겨진 시

봄바람

탈을 쓴 봄바람이
담 넘어를 흘끔흘끔 훔쳐보다가도
지나가는 옷깃을 슬쩍 들춰보는
그 발목엔 전자발찌가 제격인 것을

보리밭이 갑자기 술렁거린다
팔랑거리는 하늘의 날개를
금방이라도 낚아챌 듯
뿔딱뿔딱 재주를 넘는다
강아지가 하늘 보고 짖었다

얼굴 없는 여우바람이
언뜻, 숨어드는 굴뚝족제비 꼬리를 발견한 듯
제 꼬리인 줄도 모르고 잡으려 빙글빙글 돈다
지프라기나 종이쪽, 쓰레기들도 어울려 함께 돈다
닭들이 헛발을 디디며 꼬꼬댁거렸다
고양이가 노려보다 지긋이 눈을 감는다.

성터

무너진 성터에
밤이 깊으니
달빛 더욱 푸르다
그날에 웨치던 함성은
산울림으로 남았을까
허물어진 성벽
이끼 푸른 옛터에
뉘 나그네 찾아와
홀로 불 밝히고
밤늦도록 시를 쓰는가
별들도 옛 생각에 묻히는 밤
먼 데 개 짖어온다
잡초 우거진 돌담에
조선의 달이
박꽃처럼 피어 있다.

파장

자, 떨이요 떨이
이거 얼매여? 비싸구…….
이거 밑지고 파는 거여, 파장이니까 싸게 주는 거요
나라 구석구석이 시끌벅적하니
5일 장터도 주고받느라 시끌벅적 난장판
해가 뉘엿뉘엿 파장이다

아따 이 사람아 막걸리 한 잔 더 혀
내가 살팅개 어여들 들어와
송아지 고삐를 넘겨준 사람도
강아지를 안겨주던 할머니도
팔려보낸 기른 정을 막걸리에 타서 마신다

장똘뱅이, 주정뱅이 시끌벅적한 잡동사니들도
할머니 빈 바구니에 담긴 저녁 햇살도
막차가 모두 쓸어갔다

휑한 장터 몇 줄기 남은 햇살과 휴지조각들이
바람에 쓸려 구석구석에 처박힌다
빈 장터엔 쓰레기 더미만…….

마치, 우리 인생의 파장도 이와 같더라

3. 지금 어디에

산골 학교

텅빈 산골 운동장에
물소리만 나와 놀고 있다

삐걱삐걱 새어나오던
풍금소리는 창틀에 녹슬고
아이들이 닦아 놓은 창엔
거미줄 친 하늘이 끼워져 있다.

아이들의 푸르던 지껄임을
낙엽으로 날려보내고
허전한 바람 한 점
빈 그네에 앉아
옛 생각에 잠긴다

아이들이 가지고 놀던 해가
홀로 산골을 서성이고 있다.

용담호(1)

마이산은 우리의 기상이요 용담호는 우리의 가슴이라
백제의 옛 터전 그 파란 하늘을 거느리니
선택받은 섭리의 천지天池 용담호여!

녹수청산 용틀임으로 금강을 의젓하게 거느렸다
굽이굽이 조롱박처럼 젖줄을 물려 갈한 목 축이리니
청정수맥은 흘러흘러 만인의 생명수가 되리라

서해로 열리는 풍요의 들판을 넉넉하게 거느렸다
배미배미 기름진 땅 저 들녘을 적시니
세세만년 흘러흘러 호남 풍요의 웅지를 열어가리

아, 이 땅의 생명을 다스리는 용담호 천지여!
우리들 가슴가슴 처마에도 용담호 그 파란 하늘을
채우고 비우고 채워 물같이 살게 하소서

까치집

동구밖 미루나무에
울타리도 지붕도 없는 까치둥지
아침마다 햇살을 꺾어내리며
마을을 깨우던 종지기였다

세월의 가지가지 들치는 비바람 눈보라를
등으로 막아내며 살아도 살아도
풀뿌리 가난이 멍에가 된 까치네
더 넓은 하늘 날다 찾아오겠노라며
비워둔 고향집
언제 돌아올 날 기다리며
받들고 서 있는 미루나무
오가는 구름에 바람에 안부를 묻는다

어느 날 창을 열면
종소리가 푸드득, 햇살이 푸드득
날아들 날 있기를…….
마을은 동구밖 미루나무 꼭대기에
파란 하늘을 걸어 놓았다.

어머니

스치우는 바람에 마음 긁히시며
풀잎처럼 하늘밭에 사셨습니다.

자갈밭에서 호밋날에 찍혀 나온 하늘 조각을
개여울 물소리에 씻으시며
저녁놀 언뜻 돋는 별에도
호미등처럼 굽은 허리 펴실 날 없으시던 어머니

초근목피 가난도 함께 나누시며
천 가지 만 가지 행하심을
산밭에 흙손으로 심으셨던 말씀은
가슴가슴마다 들꽃으로 피어납니다

업고 걸리며 푸른 하늘을 이어 나르신 어머니
가지가지 이는 바람 가슴에 묻던 그 깊은 뜻
어렴풋 이제야 헤아리니 어찌합니까

아! 이제는 건너산 하늘밭에
하얀 찔레꽃으로 피실 어머니
어머니, 사랑합니다. 사랑합니다.

외딴집

산새 둥지처럼
산기슭에 그림 같은 집 한 채
계곡의 맑은 물소리보다 더 맑은 집

누가 살고 있을까
꿈을 꾸는 오막살이

집 앞 개울에
징검다리 몇 개 놓아두었다
맑은 물소리 나와 놀게

물소리와 햇살이 오순도순 사는 집
물소리가 집 비우면 햇살이 집을 보고
햇살이 집 비우면 물소리가 집을 보고

어찌합니까

세상에 원래 길이 있었으니
오직, 하나님 말씀 가운데로 내주신
한 길, 구원의 이정표를 찾아가나이다

높은 곳은 진리로 넘고
낮은 곳은 말씀으로 넘쳐
내주신 그 길 찾아가면
그 크신 분을 만날까

베푸신 은혜를 하늘에 새기지 못하고
겉과 속이 위장된 손톱 밑 온갖 허물
때늦은 이 참회를 어찌합니까

하얀 성령의 눈을 내려
헌 신짝도 몽당비도 새롭게 하시듯
주여, 얼룩진 영혼을 새롭게하소서

마이산(1)

아! 세상에 이런 산이
신비로운 세계 유일의 부부산
天上天下 영원한 사랑의 化身이여

청정 수맥은 갈한 영혼을 목 축이리
굽이굽이 금강, 섬진강을 거느렸다

마이산은 神이 창조한 조화이니
山中에 영산靈山이라 하늘을 품은 기상은
人道가는 길을 엄중히 묻는다

천지탑은 인간이 축조한 걸작이라
만인의 정성을 괴어 올린 숭고한 모습
한 개 두 개 올려놓은 저들의 소망을 받드는가

한 계단 두 계단 헤아리며
어찌, 하늘 층계를 오르내리나
아! 무거움을 내려놓을 곳이 바로 여기인 것을.

2004. 마이산 탑사에 시비로 건립되었음.
(국가문화재청의 승인을 받아 탑사에서 건립)

기린토월麒麟吐月

성군이
이 세상에 나올 전조로 나타난다는
상서로운
상상의 동물을 뜻하는 기린봉이
후백제왕
견훤의 궁터를 자리 잡아 주었다
이 고장
상서로움의 뜻을 지닌 기린봉은
전주 10경 중
제1경으로 기린토월이랬다
기린봉에 뜨는 달을
전주 제1의 아름다움으로 꼽았으니
신성한 산에 신발도 깨끗이, 정갈하게
우리 모두 소망하는 처마 끝에
이 고운 달 하나씩 매달아 놓아요.

지금 어디에

세상에 원래 길을 없었다
여러 사람이 다니면 그게 길이 되었다
혼자서도 자주 다니면 그게 길이 되는 것

넓고 먼 곳엔 길이 없다
좁고 가까운 곳에 길이 있거늘
바로 우리들이 가야 할 길이 아니던가

길이 없어도 잘 날아다니는 새가 있는가면
길이 있어도 가지 못하는 사람이 있듯이
너와 나의 여정도 이와 같더라

이러저러한 삶이 얽히고설키듯이
굽이굽이 보이지 않는 구불길
아, 나는 지금 어디쯤 가고 있는가

딸을 보내며

보내야 한다지
보내야 한다 조바심이었지
언뜻, 내일이면 보내야 할 밤
우린 말없이 잠을 설쳤다.

보내는 일도 자랑이 되는가
석별의 손을 놓을 때 하객들은 축하의 박수를
아름다운 충격은 아픔으로 다가왔다
그래 그래 그래야지 하면서도

보냈다 떠나갔다

딸을 낳아 자랑이었는데
언뜻 자라 둥지를 비우고 날아간 거지
소중한 보물을 잃은 듯
몸의 한 부분이 떨어져나간 듯
너의 빈 방만큼이나 빈자리가 크구나
따뜻한 말 한 마디, 손 한 번 잡아주지 못했던
후회가 가슴에 울컥했다

빈 방문을 열어보며 이제사 하는 말
그래 그래 그래야지……
수례야, 다례야!

소

육중한 몸매를 가졌지만
아이들의 몰이에도 순종하는 짐승
넌, 뉘 넋의 환생이었나
세상에 어찌 노예로 태어나
십자가 짐 같은 멍에를 메고도
묵묵히 보상 없는 노역자가 되어
전생에 맺힌 한을 갈아엎으며
삶의 무상함을 되새김질하는가
뚜벅뚜벅 느리게 걸어
평생을 갚아도 다 못 갚아
무슨 죄, 골고다 산상으로 끌려가
몸까지 내어줄 날을 앞두고도
끝 날까지 주인의 뜻을 따르는
고귀한 희생과 고뇌
너의 큰 눈망울엔 먼 하늘이 고였다
훗날 너의 영혼은 하늘나라에 임하여
영생을 얻으리라

보약

세상에서 가장 좋은 보약은
구약과 신약이라지

약속의 땅에 다사랑의 씨뿌림이니
진리의 말씀으로 달인 명약이라
그 한 모금으로도 만병이 생명으로 깨어나는 구약

온 누리를 사랑의 손길로 맥을 짚어
영생의 말씀으로 달인 명약이라
구원의 영혼으로 부활하는 신약이라

가장 낮은 사랑으로 걸러져
누구에게나 나누어주는 구약과 신약
신비의 만병통치약
세상에 이보다 더 좋은 약이 어디 있으랴.

용담호(2)

하늘 아래 마이산 고을 용담호 천지여
억겁의 세월 흘러흘러 호남의 젖줄 되리라

용담호 저 파란 물은 우리의 가슴
깊은 물은 소리 없이 물같이 살라 하네

노령의 금강 물줄기 하늘에 고인 호수여
서해로 면면히 흘러흘러 생명수가 되리라

용담호 저 파란 물은 우리의 가슴
깊은 물은 소리 없이 물같이 살라 하네.

2004. 가곡으로 작곡되었음
(이민수 작곡)

벚꽃길

벌들이 붕붕 꽃을 피워
마이산 지붕을 만든 벚꽃터널
봄빛이 훠이훠이 늘어진 벚꽃길을 죽 가면
이렇듯 환한 꽃 세상을 만든 크나큰 분을 만날까
영혼의 꽃잎을 하늘에 뿌리는 그분은 누구일까
꽃눈이 날리는 벚꽃길을
우리 둘이 짝이 되어 걸어가면
꽃바람에 그리움이 폴폴
벚꽃보다 더 활짝 피는 사람아
우리 서로 꽃이 될까 가만히 손잡으면
꽃보다 더 활짝 피는 그리움
꽃바람에 꽃물드는 사람아

아! 벚꽃보다
더 활짝 피는 마이산골

코스모스

외진 길가에
한들한들 가냘픈 모습

누굴 기다리나
해맑은 얼굴

아무도 오지 않는
가을 찬 고갯길에

구름을 보내고
하늘을 보내고

바람 속에
홀로 남아

옛 생각이
그리워

너무 쓸쓸해
너무 쓸쓸해

강가에서

해 질 녘
풀잎과 나란히 앉아

빈 강둑
물소리와 만난다.

산 그림자
물속을 걸어나와

외로운 생각
산처럼 우두커니
어둑어둑
풀잎 곁에 와 선다.

어스름 산자락을 덮고
언뜻 강물에 깨어나는
별, 별빛

그리움 붉게 타는
강 건너 놀빛 하늘

수몰민

뿌리 깊은 나무 바람에 아니 쓰러진다 했는데
어찌 대대로 이어온 고향이 뿌리째 뽑히는가
불도저 삽날에 고향집이 무너지던 날
나도 함께 무너졌다
처마 끝에 걸어두었던 꿈도 하늘도 함께 무너졌다

가난도 좋아라 물소리 새소리로 사는데
수몰민이란 이름 말뚝 박아놓고
고향산천 물을 채우니
목숨 건져 타향살이 나그내로 쫓겨났더라

둥지를 잃은 들새들, 메뚜기, 풀벌레도
미처 빠져나오지 못한 들쥐나 두더지, 땅강아지
땅속 구멍구멍에 물을 채워 말살하고도
나 몰라라 한 환경파괴

물에 묻고 가슴에 묻은 고향 누굴 위한 희생이었나
무시당한 정신적 상처는 그 누가 보상할 것인가

용담호여! 그 파란 가슴에
저들의 아픔을 영원히 간직하리로다.

티

거미줄 하늘에
잎새 하나 걸렸다

하늘의 티.

파란 호수에
돌 하나 던졌다

내 마음의 티.

그 집

담 너머
바지랑대로 떠받친 하늘에
깃발로 걸린 구름 한 장
담을 넘는 그 하늘이 그리 고울까

오가며
까치발로 보일라
머뭇거리던 골목길
불빛 바알갛게 드리워진 창문
그녀는 지금 밤늦도록 시를 쓰는가
발자국 소리 날까
안 그런 척 감추어둔 속내
난 지금 무엇에 얽매어 있는가

꿈에 그리다 만
골목길 그림 이야기 한 장.

4. 봄날은 간다

어찌 이런 일이

누가 4월을 잔인한 달이라 했나
2014. 4. 16. 진도 앞바다 침몰된 세월호에
300여 명의 착한 아들 딸들이 수장되었다
어찌, 이런 일이…….
온 국민은
아들 딸들이 모두 살아남길 눈물로 기원했지만
답답한 구조활동, 어쩔거나 애통터지는 마음
애도의 물결은 온 나라를 휩쓸었다

우린, 바다와 맞닿은 하늘을 향해
"하늘이여, 오직 하늘의 기적을 바랍니다."
라고 기도했다
하늘은
사람보다 돈이 먼저인 욕심을 질타하는 대답이었고

바다는
손을 잡아주지 못한 어른들의 무책임을 질책하였다
대한민국의 기본이 무너졌음을 탓함이라
고개를 들 수 없는 이 어른들의 부끄러운 죄
어찌하나
피지 못한 채 지고 만, 가슴 아픈 아들 딸들아
"남을 먼저, 나는 뒤에"
고귀한 희생정신은 이 세상에 묻고
못다 한 꿈은 천국에 꽃피우기를 기원한다.

늦가을

겨울이 온다는 소문이 파다하다
산 너머 쿵쿵거리는 겨울 포성소리를 들으며
섬돌 밑 귀뚜라미 밤 깊도록 편지를 쓴다
떠나가는 가을 길손에 들려줄 가랑잎 편지

마른 풀숲 풀벌레 달빛 기울도록 시를 쓴다
허전한 나무마다 들려줄 쓸쓸한 시

나무들은 잎새들을 멀리멀리 날려보내고
동장군과 맞설 팔에 힘줄을 세운다
마른 풀잎이나 땅강아지
새들도 들쥐도 모든 것을 떠나 보내고
들은 쓸쓸한 생각에 잠긴다

봄날은 간다

언뜻, 또 하나 간다
세월의 가지 끝에
남아 있는 잎새 두세 개
29, 30, 31.
헤아릴 겨를도 없이
공과금 쪽지처럼
어김없이 계산은 끝난다.

오는 듯 가는 썰물로
자취도 없이 사라지는 12월
이제 와 오늘 하루가 아깝다
보내고 남은 것은 아쉬움뿐인가
다하지 못한 것은 무엇이고
옷깃에 묻은 얼룩은 무엇이던가

못다 한 건 나누지 못한 것이었네
또 하나 봄날은 간다

새해 맞이

햇살의 첫 동네 진안고원
새해 아침
마이산 영봉에 새 하늘을 열고
홰를 치며 솟구치는 해야 해야
노령의 줄기줄기 파도를 넘어
아! 새날이 열린다 새 하늘이 열린다

마이산과 용담호가 새 하늘을 갈아 끼우듯
우리들의 가슴가슴 처마에도
희망의 새날을 갈아 끼우자

우리의 소망 정갈하게 천지탑에 괴었으니
예나 제나 하늘밭에 사네.

해야 해야 우리 해야
어려움이 있습니까 부족함이 있습니까
햇살의 첫 동네
소망하는 한 점 남기지 않게
차고 넘치는 햇살의 고장이 되게 하소서

데미샘

섬진강 물줄기 내려놓은 하늘고원
청정수맥을 따라 오르고 오르면
아, 하늘 자락이 샘솟는 데미샘

섬진강 칠백 리 굽이굽이 물길에
조롱박처럼 옹기종기 열린
강 마을도 논배미도 혈맥의 젖줄을 물리었다
쌀을 일듯, 모래알을 곱게 일어놓은
비단폭 강변에 가난도 좋아라
넉넉함이 평화로운
그림 같은 강촌을 거느렸다

데미샘골 백운동 흰 구름
임실, 구례, 하동으로 흘러흘러
순천만 갈대숲에
데미샘 그 하늘을 펼쳐 놓는다.

마이산(2)

마이산아 마이산아 하늘에 오르던 그 사연
못다 한 사랑 태고太古의 전설이 되었나
애절한 염원은 천지탑天地塔을 이루고
하늘을 우러르는 영원한 사랑의 화신化身이여
구구구 산비둘기 구구구 산비둘기 하늘 층계 오른다
아~ 하늘 가는 길이 여기 있는 것을

가곡으로 작곡되었음(한광희 작곡)

팔영산

아무나 하늘길을 갈 수 있을까
하늘 층계를 만들던 팔영산
여덟 고개에서 바위산으로 굳어
뉘 넋의 영혼처럼 속세를 굽어보는가

발아래 잠기는 남해바다에
섬들은 평화로운데
무슨 사연 있어 저 물속 하늘에 얼굴을 담고
바람 한 줄기 하늘 한 폭 안고 사는가

못다 한 사연 듣고파
목숨 같은 밧줄을 타고
하늘에 조롱조롱 매달리는 仙人들

1령에서 8령까지 고개고개
어쩌면 그리 속속들이 어깨를 오르는가
하늘길이 여긴가 묻지 마라
바람이 되고 구름이 되었거늘
물소리로 들으라, 새소리로 들으라 한다.

누군가 알 듯하다

풀꽃의 눈매에도 설레이고
풀벌레 소리에도 업혀 가며
마른 풀잎이 기침을 하는 것만 보아도
가랑잎이 종종걸음을 하는 것만 보아도
고 작은 기미에도 긴장하고
하찮은 것에 감동하며
핑 도는 뉘 눈물까지도 글썽이는 이 그 누군가

조금은 느슨하여 초라한 어깨를 하지만
그의 매너는 뒤풀이자리도 앞장서며
모퉁이 술 한잔 더 하고
터덜터덜 가면서도
누군가 떠나가고 있을
먼 기적 소리에 설레이며
강 건너 먼 데 별 하나 걸어둔 사람

그런 사람 아무도 없단 말이지…….
난, 그 사람 누군가 알 듯하다.

아름다운 사람들

들판같이 넉넉해서
스치기만 해도
옷깃에 향기를 남기는 들꽃처럼
다 주고도 더 나눌 것을 끄집어내며
이러저러한 잡동사니들 물렀거라
돌아보고 던지고 벗어버린 사람들
만나고 만나도
그 거시기를 못 참아 그냥 또 만나
누워서 앉아서 세월도 편하게
젓가락 장단에도 걸쭉한 이들
여섯 형제가 비벼대는 걸판스런 둥지
가지가지 끝에
탁 트인 고운 하늘 하나씩 걸어 두었으니
부러울 게 뭐가 있나
맛나게 폼나게 살어리랐다.

진안의 예술

마이산이 제 이름을 부부산夫婦山이라 한다.
天上天下 영원한 사랑의 화신化身으로 축조된
세계 유일의 부부산

마이산이 제 이름을 문필봉文筆峰이라 한다.
마이산이 하늘의 붓이라, 글도 그림도 하늘에 새기니
용담호가 마이산 그 하늘을 철따라 갈아 끼우더라

아, 신비롭다
마이산은 신이 창조한 걸작품이요
천지탑은 인간이 축조한 돌탑 예술의 극치니
오라, 선택받은 자연예술의 고장이로다

많은 진안 출신들이 유명 예술인으로 배출되었음은
마이산의 정기를 받았음이라
진안예총은 진안의 자존심이니 마이예술의 긍지를
품으리.

새소리

풀잎들이
네 소리로 푸르러진다

이슬이
네 소리로 더욱 맑아진다

네 고운 빛깔의 시는
산에서 들에서
꽃으로 피고 지고

네 소리로
열매들이 물이 들고
새콤한 맛이 든다

네 소리로 하늘이 열리고
구름이 간다.

나비

봄은 나비 등을 타고
가물가물 오고 있었다
들판 구름 사이
반짝반짝 하늘의 꽃잎이 날린다

무슨 비밀 간직하고
하늘을 건너오는
꽃의 천사인가

은빛 아지랑이 그물에 걸려
팔랑팔랑 네가 흔들릴 때

들판이 흔들린다
하늘이 흔들린다.

온고을 예찬

호남의 숨결 서린 모악산은 우리의 기상일레
서해로 열리는 저 들녘 풍요롭다 우리 전주
백제의 달을 거느렸던 기왓골 완산 칠봉
남고산성 청솔에 맺힌 달빛은 우리의 가슴
예부터 가난도 어허 어허 어허 좋아라
까치소리 다듬잇소리로 팔베개 삼아
부채살 시름을 훠이 훠이 훠이 날리며
예藝로 살아온 빼어난 멋, 선비의 고향
우리 모두 넉넉하게 슬기와 긍지를 품어
어화 둥둥 어화 두둥둥 남촌南村에 살리라

앞보다 옆을 보라

남이 있으므로 내가 존재하는데도
자신을 나눌 줄 모르는 건
자기만 보이고 남은 보이지 않기 때문이다

목적지가 빤히 보이는 앞을 놓고
경마처럼 겨루는 건
앞만 보이고 옆이 보이지 않기 때문이다

갖기만 했던 모든 것들을 나누기 위해
앞보다 옆을 보고 돌고 돌아갈 일이다
비바람에 쓰러진 풀꽃도, 짓밟힌 들풀도
작고 하찮은 것들과도
좀 더 가까이 가까이 손잡을 일이다
고된 세월의 발자국, 밭고랑 같은 주름살도
노예처럼 멍에를 멘 소도
변방으로 밀려나 노숙하는 뜬구름도
함께 동행할 일이다

출퇴근길

모래재 굽이굽이 오르면
아! 한아름 안기는 새 하늘

비에 씻긴 햇살 한 줄기도
눈발에 날리는 하늘 조각도
좋아라

밤곡재 굽이굽이
동녘 솟는 해를 가질러
하늘을 넘는가

천천, 그 하늘의 물소리 곁에
풀잎처럼 내 삶의 한 자락
잠시 이곳에 깔았다

산그늘 지는 퇴근길
저녁 연기 외롭게
환한 노을빛만 한아름 안고
돌아가는 길손이라.

굴러온 돌 박힌 돌

굴러온 돌이 박힌 돌 친다고 했는데
이제는 박힌 돌이 굴러온 돌 친다고 한다
두고 온 하늘 그리워 늦게나마 찾아간 고향
이방인처럼 굴러온 돌 취급하는 박힌 돌들
제 삶의 형편에 따라
고향살이든 타향살이든 살아온 것을
고향 지킴이인 양 토박이 행세를 하며
차치고 포치고 주름잡는 박힌 돌
뿌리 깊어 요지부동 발에 채이는 걸림돌이다

언젠가 돌아오겠다고 눈물로 넘던 고개
반겨줄 산천은 어느 하늘 아래 팔베개로 누웠는가
돌아갈 약속의 땅이 없어졌다며
눈시울을 붉히던 그 친구
"세월이 하 수상하니 올 동 말 동 하여라."

마음에 간직된 아름다운 추억의 다리를 건너면
바로 그게 고향인 것을.

머리 말고 가슴으로

자기는 자기를 잘 모른다. 남이 잘 안다
귀 청소를 해놓아야
들리지 않는 소리도 들을 수 있다

비방과 미움, 시기 마음에 두는 것만으로도
죄라 했거늘, 정의로운 척 가면을 쓰고
친구를 모함하는 건 비겁함이다

손바닥으로 얼굴을 가릴 수는 있어도
하늘을 가릴 수는 없는 것
가리웠다 하여 보이지 않을 거라 믿지만
가리우면 가리울수록 더 잘 보인다는 것을
손톱 밑에 위장된 꼼수인들
옆집에 사는 지문이 증인으로 이미 드러났는데도
언제까지 공소시효를 헤아릴 것인가

이기기는 쉬워도 지는 것은 더욱 어렵다지만
벗어던져 진실로 옛정을 펼쳐야 하거늘
머리로 하지 말고 가슴으로 하라는 뜻이다

칼로 벤 상처는 쉽게 아물어도
말로 벤 상처는 쉽게 아물지 않는다
참기 힘든 옥죄임을 느슨한 탄력으로 받아낸 건
용서하고 사랑하라는 하늘이 있었기 때문이다.

새날을 열어가리

– 정세균 산업자원부장관 취임을 축하하며

맑은 물이 물소리도 곱더라
낮은 곳은 조용히 넘치고
높은 곳은 정연한 논리로 넘으니
곧은 지성의 참신함이지

스치는 옷깃에도 발길에도 향기를 남기고
꺾는 손길에도 향기를 남기리니
지혜는 머리로 화합은 가슴으로
남다른 매너는 빼어난 신사더라

지고한 지성의 리더십은 만인의 길잡이라
대로를 이어나갈 주자로
이 시대에 선택받은 상록수로다

21세기 대망의 땅에
청청한 한 그루 거목으로
큰 뜻을 열어갈 새 하늘을 거느렸다
얼키설킨 매듭을 풀어
새날을 열어가리, 새 빛을 열어가리

산새

호롱 호로롱
산새가 들려주는 시
산은 귀담아 외워보지만
너무 무디어
산울림으로 다시 듣는다

뉘 넋의 이름 모를 깃 고운 새야
못다 한 사연 맺혀
산새로 환생하였는가
산마다 우짖는 너의 노래는
애절한 산울림으로
온 산골을 누빈다

가지마다 푸르게 새겨둔 너의 시는
영혼의 노래로 울울창창 산을 어우르고
마침내, 산울림으로 하늘에 이른다.

갑돌이와 갑순이 이야기

갑돌이와 갑순이는 위 · 아랫마을에 살았는데
둘이는 서로 사랑을 했드래요. 겉으로는 안 그런 척
했지만 꼬리가 밟혀 그만 들통이 났다지요.
잘사는 갑순이네 가문에서는 가난한 갑돌이네를
무시하였답니다 갑순이 부모님은 갑돌이와 갑순이
둘 사이를 갈라놓기 위해 갑순이를 제주도로 강제
유배시킴으로써 갑순이는 남해 바다를 건너게 되었대요.
갑순이가 떠나간 목포는 역시, 이별의 항구던가
갑순이는 목포항에 무슨 생각 남기고 갔을까?
갑돌이는 목포항을 찾아가 "변치 말라, 기다려 달라."
갈매기에게 파도에게 울부짖었대요
그 후 갑돌이는 서울로 가 대학생이 되었답니다
갑돌이와 갑순이는 하나님이 아니고서는 그 누구도
갈라놓을 수 없다는 것을 믿고 있었던 것을…….
그렇게 5년, 갑돌이와 갑순이는 어떻게 되었을까?
두 사람은 어떤 달을 걸어놓았을까?

자신에게 쓴 편지

민들레 한 송이 옆에
돌 하나 놓여 있음도 아름다움이요
내가 여기 있음도 남다른 택함으로
신이 이 세상에 보낸 뜻이다.

시인의 멋과 교육자의 품위를 간직하고
만인의 모범이 되기를 하늘에 빌었었지

인도人道가는 길
'다 주고도 잃은 건 없다.'는 생각으로
낮은 자리를 마다하지 않았으니
정의로움을 정갈하게 간직한 선비가 되기를
노력한 것은 참 아름다움이었다

참되거라 잘되거라
제자들에게 꿈과 희망을 가꾸어
사랑의 텃밭을 일구는 데 심혈을 기울였더라
한평생 뿌린 씨앗 보람의 꽃으로 피리니
거두는 축복 넉넉하리로다

남긴 뜻, 남은 소망 청산을 이루어
늘 푸르거라, 정정하거라.

17번째 내는 저서(제8시집)

산벚꽃

인쇄 2014년 08월 18일
발행 2014년 08월 25일

지은이 허호석
발행인 서정환
펴낸곳 신아출판사
주소 전북 전주시 완산구 공북 1길 16
전화 (063) 275-4000 · 0484 · 6374
팩스 (063) 274-3131
이메일 sina321@hanmail.net shina2347@naver.com
출판등록 제465-1984-000004호
인쇄 · 제본 신아출판사

ISBN 979-11-5605-121-3 03810
값 15,000원

이 도서의 국립중앙도서관 출판시도서목록(CIP)은 서지정보유통지원시스템 홈페이지(http://seoji.nl.go.kr)와 국가자료공동목록시스템(http://www.nl.go.kr/kolisnet)에서 이용하실 수 있습니다.(CIP제어번호: CIP2014024186)

Printed in KOREA

이 책은 전라북도문예진흥기금 일부를 지원받아 발간하였습니다.